Les recettes sont de
Stéphane GLACIER.

Les textes sont de
Sandra LUCCHINI.

Les photographies sont de
SAEP/Jean-Luc SYREN et Valérie WALTER.

Le stylisme est de
Denise CROLLE-TERZAGHI.

Le graphisme et la mise en page sont
d'Élisabeth CHARDIN.

La coordination a été assurée par
SAEP/Éric ZIPPER.

Composition et photogravure
SAEP/Arts Graphiques.

Impression : Union Européenne.

Conception : SAEP CRÉATION
68040 INGERSHEIM - COLMAR

Sandra Lucchini - Stéphane Glacier

Cafés gourmands

saep

Introduction

Le café, c'est votre nectar adoré. Pas un jour digne de ce nom qui ne commence sans votre réveille-matin favori. Il y eut un temps (à peine concevable) où vous n'y aviez pas droit ! Un temps bien reculé, cela va sans dire... Un avant, donc... Et un après... Un jour où vous avez pu y goûter, mélangé à du lait... Ah, le mal était fait ! Vous étiez sous sa coupe. Fou du caoua ! Vous n'alliez plus cesser de mouiller la cafetière et, en toute largesse, d'en faire profiter les amis.

Ce livre est fait pour vous et pour tous ceux qui font du café leur folie douce. Il devrait, nous l'espérons, aggraver votre cas et agrandir le cercle des fanas. N'avez-vous jamais ressenti cette hâte, en plein repas, d'arriver enfin au café ? Combien de fois n'ai-je pour ma part précipité les choses, frisant l'incident... « Ah ! Voilà qui est fort de café ! », s'exclamait-on quand je retirais une assiette encore à moitié pleine... Ce qui n'avait pour effet que de me faire courir davantage pour enfin siroter mon jus ! Alors, j'ai trouvé la recette ! Le café, j'allais en faire tout un plat. Un moment complet, pas une fin de repas, un coin de table ou un express bien serré au comptoir. Cela aussi, bien sûr, mais un peu plus, une cérémonie adaptée au tempérament du kawa, sans risquer de prendre un coup sur la cafetière.

En ces temps de logements sans surface, qui néanmoins ne nous privent pas de l'envie d'inviter, refaire le monde autour d'un café me semble tout indiqué. Cette voisine, par exemple, folle du Guatemala, dont vous cherchiez à faire la connaissance, concoctez-lui dans le coin salon un goûter inspiré dont elle se souviendra. Un cru un peu cacaoté, un antigua, par exemple, des douceurs à picorer en harmonie et vous deviendrez vite son adresse préférée !
Pour changer des traditionnels repas entre amis, vous amuser à créer des ambiances hédonistes et concocter des desserts design, rien de tel qu'un café de gourmets jubilatoire et gourmand.

Tout d'abord, quelques bribes d'histoire

Breuvage d'Orient devenu express de comptoir, le café revient de loin... Et ce ne sont pas que bavardages de café du Commerce.
On le dit en effet originaire du pays des tapis volants et des lampes merveilleuses. Sa graine, de la famille des rubiacées, serait le fruit d'un arbre né dans le berceau éthiopien. On deviendrait pilier de comptoir à s'entendre narrer toutes les légendes à son propos ; aussi s'en tiendra-t-on à une version de la légende du berger Kaldi, que l'on trouve dans un des contes des *Mille et Une Nuits*. Ce jeune berger abyssin aux prises avec des chèvres gambadant et dansant du soir au matin et du matin au soir décida de confier son désarroi à des derviches qui se tenaient non loin de là. Ceux-ci constatèrent que lesdites chèvres faisaient leur régal des petits fruits rouges d'un arbuste bien connu dans le coin. Après les avoir goûtés, ils se sentirent tout ragaillardis et prêts à tourner tant et plus. Le café, breuvage énergétique et stimulant, était né.

De l'Éthiopie au Yémen, puis à travers tout l'Orient, la réputation du café le précède comme celle d'un or vert excitant, tonifiant et exaltant. Le « kawah » – de Kavus Kai, roi perse monté aux cieux dans un char ailé – commence son odyssée. Il poursuit sa route à travers la péninsule arabique, transporté à dos de chameau ou sur des boutres, dans le golfe Persique et jusqu'à Zanzibar. Les marchands de la Méditerranée, amateurs de « vin d'Arabie » – produit à partir du jus fermenté de cerises de caféier –, l'introduisent en Occident.
Au XVIIe siècle, les premiers sacs de café sont déposés au port de Marseille. Amsterdam connaît aussi à cette période une importante activité liée au commerce du café. Le petit port de Moka, au Yémen, lieu d'où l'encens, la myrrhe et l'albâtre étaient embarqués dès l'Antiquité pour l'Égypte et la Méditerranée, vit alors son âge d'or avec les chargements de café. Aujourd'hui, les mokas désignent les merveilleux arabicas produits au Yémen et surtout en Éthiopie.

Après quelques controverses et de drôles de racontars – un article sur le Caffé dans l'*Encyclopédie* de Diderot rapporte que cette boisson « [...] enivrait les hommes et les rendait inhabiles à la génération... » –, c'est le triomphe ! Tout le peuple de Paris en est stimulé, et le pape en personne fait taire les médisants.

Le caféier ne va pas tarder à conquérir le Nouveau Monde.

Après avoir offert ses premiers plants à Louis XIV, la Hollande en envoie dans ses territoires de Guyane. Dans les Antilles françaises, les caféiers prospèrent et, en un siècle, ils vont couvrir toute la zone tropicale. Français et Hollandais plantent à tour de bras dans leurs colonies. Les Espagnols introduisent les caféiers au Venezuela et en Colombie. Ce long périple se poursuit dans les pays d'Afrique orientale. Dans les actuels Kenya et Tanzanie, le café retrouve le chemin de ses origines.

Au XXe siècle, les pionniers deviennent chimistes. Ils contribuent à l'essor du café en inventant le café soluble et le décaféiné. On leur préférera les inventeurs géniaux qui feront prendre à la cafetière tant d'inédites tournures, en hommage peut-être à la demoiselle du XVIIIe dont il est question chez Casanova : « On courtise les cafetières. Toujours environnées d'hommes, il leur faut un plus haut degré de vertu, pour résister aux tentations fréquentes qui les sollicitent. Elles sont toutes fort coquettes... ».

Quelques repères pour aider l'amateur de café

Le caféier comprend 73 espèces, dont deux seulement sont cultivées à des fins commerciales : le *Coffea arabica* et le *Coffea canephora*. Dans chaque espèce, on recense plusieurs variétés.

Café ! Jolie cerise...

Rouges à la maturité, ovales, réunies en petites grappes, on les nomme cerises. Fruits du caféier, elles protègent les deux fèves de café vert, lovées l'une contre l'autre. Chaque espèce de caféier produit ses propres fèves. Le caracoli est le nom donné à la fève unique d'une cerise. C'est une rareté recherchée pour ses qualités aromatiques.

Arabica et robusta : quelle différence ?

L'arabica est le fruit du *Coffea arabica*, qui produit la plus grande part de la production mondiale de café. Fragile, il ne pousse qu'en altitude. C'est cette caractéristique qui fait aussi sa supériorité gustative. Les fruits venus lentement à maturité donnent un breuvage riche en composés aromatiques. Tous les grands crus sont des arabicas, provenant surtout d'Amérique latine et d'Afrique de l'Est. Selon les terroirs, leur arôme sera doux, fruité ou encore épicé.
Le robusta, venu sur le tard, est le café des forêts tropicales, cultivé en Afrique de l'Ouest à partir du XVIIIe siècle. Ses trois premiers producteurs mondiaux sont aujourd'hui l'Indonésie, la Côte d'Ivoire et le Brésil. Ses fruits donnent un café peu aromatique, amer et très fort en caféine.

Affaire de goût !

La torréfaction ou la métamorphose du café.
Le procédé consiste à griller les grains, qui de vert prendront une robe couleur café plus ou moins claire selon la torréfaction.
Cela dure une vingtaine de minutes et fait passer ledit grain par bien des états, avec une montée lente de la chaleur à 220 °C. Outre le changement de couleur, il y perd son eau (plus de 10 % de son poids), il augmente son volume et en fin de processus développe ses arômes. De blond à noir, de doux à corsé, le café est presque prêt à être moulu. On laisse ses grains refroidir à l'air.

Torréfier chez soi – Les caravaniers de l'Arabie heureuse faisaient cuire les grains de café sur de petits grilloirs en métal posés sur un feu de bois. En France, cela embaumait le café mis à griller jusqu'au début du siècle dernier. Rien ne vous empêche de tenter l'expérience. Avec une poêle, une spatule en bois et une gazinière, vous avez tout ce qu'il vous faut. En remuant constamment les grains de café, vous devriez parvenir – en persévérant ! – à un bon résultat. Un grain bien cuit – sans être brûlé – s'effrite entre les doigts.

Où l'on parle de grands crus ! Et de dégustation...

Java, Malabar, Blue Mountain, Kenya AA... Des crus... Et non des moindres. Nous savions que le vin et le chocolat avaient leurs crus et leurs initiés, mais le café aussi. Chaque café « d'appellation contrôlée » est la pépite de sa terre d'origine.
L'amateur aura tout intérêt à commencer par la dégustation d'un mélange concocté par le torréfacteur du quartier. Cette expérience, si elle est menée selon les règles de l'art, devrait vous ouvrir la voie et les papilles. Pour la suite, songeant à vos cafés gourmands, vous serez en mesure de choisir le cru le plus à même d'entrer en résonance avec les mets de votre choix. Dites au torréfacteur si vous désirez un café du matin, de l'après-midi ou du soir, avec quelle saveur vous voudriez l'associer, décrivez vos goûts habituels...
En bref, faites un peu comme s'il s'agissait de choisir un bon vin !

Si l'on devait n'en retenir que quelques-uns...

Cette liste, loin d'être exhaustive, est plutôt faite pour aiguiser la curiosité. Elle ne demande qu'à être complétée par vos propres découvertes.

– Blue mountain.
De Jamaïque. Le must du café, d'excellente qualité, importé de Martinique par un Anglais, sir Nicholas Lawes, en 1728. Rare et très cher, c'est un café doux, très riche en arômes, chocolaté et acidulé.

– Guatemala, antigua ou coban.
Cafés d'altitude qui offrent un mélange de notes chocolatées, acidulées et épicées. Souvent assez corsés.

– Hawaï kona.
Cru aromatique et racé. Pour certains amateurs, il supplante le Blue Mountain, tout en étant moins cher.

– Kenya AA.
Un café délicieusement fruité et acidulé, avec des notes végétales très fraîches. C'est une référence des grands crus d'arabicas.

La classification AA correspond aux grains les plus gros, les plus rares, donc les plus chers.

– Malabar.
Grand cru « moussonné » d'Inde, légèrement épicé, acidulé et assez corsé.

– Maragogype.
Du Mexique ou du Nicaragua. C'est une variété géante d'arabica qui donne un café très doux et parfumé. Le cru du Nicaragua est plus corsé.

– Sidamo.
Moka lavé d'Éthiopie. C'est un café doux, élégant et fin, aux arômes fleuris. Il contient très peu de caféine.

– Supremo.
De Colombie. C'est un café très suave, parfumé et légèrement acidulé.

– Yrgacheffe.
Splendide moka lavé d'Éthiopie. Très peu caféiné, il est chocolaté, très suave et fleuri. Il est malheureusement assez rare.

– Zimbabwe.
Un café bien acidulé avec quelques notes d'épices. Un bon cru du soir.

Petit lexique de dégustation (pour converser en connaisseur)

Arôme
(note, parfum, « odeur agréable de certaines essences naturelles de végétaux » - Le Petit Robert)

Les arabicas comportent tous une note caramélisée et vont vers l'agrume.
Moussonné ou iodé, malabar (Inde) et certains crus du Brésil.

Fruité, au parfum d'abricot pour le café sidamo, de fruits rouges pour le kenya AA, de pomme pour le haïtien blue ou d'agrume pour le guatemala antigua ou coban.

Chocolaté, pour le merveilleux blue mountain.
Végétal, pour le zimbabwe ou le kenya AA.

Floral, chez le sidamo.

Boisé, pour le hawaï kona.

Épicé aussi, pour les arabicas d'Éthiopie ou le zimbabwe.

Grillé à fruits secs grillés, pour tous.
Les robustas se caractérisent plus par des notes de type caoutchouteux, fumé, fermenté, iodé, huileux ou rance.

Saveur
(« qualité perçue par le sens du goût » - Le Petit Robert)

Les goûts se fixent en des points divers sur notre langue : le sucré à la pointe, l'acide et le salé sur les côtés, et l'amer au fond.
L'acide, c'est la caractéristique des arabicas de haute altitude.
L'amertume, quand elle est modérée, signe un bon café.
L'astringence en est une forme atténuée. Il s'agit d'une sensation en bouche proche de celle éprouvée lorsque l'on mord un citron.
L'âcre, c'est la marque des cafés de mauvaise qualité.
La suavité corrige l'acidité ou l'amertume.
Plus on arrête tôt la torréfaction, plus acide sera le café. Plus tard on la poursuit, plus le café sera amer.

Mouture fine, moyenne ou grosse ?

Tout torréfacteur qui se respecte vous demandera si vous désirez votre café moulu ou en grains mais aussi quel type de mouture vous désirez. Sachant que l'arôme passe dans l'eau pendant l'infusion, plus le temps de contact de l'eau avec la mouture sera bref et plus il faudra une mouture fine.
À défaut de se rendre chez le torréfacteur, on peut acheter son café en grandes surfaces. On y trouve surtout des cafés moulus (le café en grains étant réservé aux professionnels). Ce sont le plus souvent des mélanges. Les différentes moutures sont associées avant d'être mises à l'abri dans des emballages étanches, scellés sous vide. Parfois, les torréfacteurs choisissent des boîtes en métal. Ces conditionnements sont plus chers mais de meilleure qualité.

Des couleurs pour se repérer :
– rouge, pour les cafés réveille-matin, bien corsés, mélangés à du robusta ;
– noir, pour un café 100 % arabica de bonne qualité ;
– or, pour un café haut de gamme, parfois un cru vendu séparément ;
– bleu, pour le café décaféiné.
Un mot sur le déca – ou café que l'on a débarrassé de sa caféine. Plusieurs procédés permettent cette opération, mais aucun n'a permis de conserver la totalité des composés aromatiques des grains de café. Si vraiment on est contraint de sacrifier à ce breuvage, il faudra privilégier des mélanges 100 % arabica, généralement enrichis en arômes.

Caféine, quand tu nous excites !

La caféine est un alcaloïde de la famille des purines. On le trouve aussi dans le chocolat ou le thé. Il stimule, oui, sans l'ombre d'un doute, mais pas sitôt le café avalé. Cela vient une petite heure après, et c'est assez variable selon les individus. On peut donc boire son cru préféré juste avant de se coucher !

Café soluble...
C'est instantané !

Qui ne connaît la magie de l'instant vantée par les publicitaires... Magie à demi car, même en augmentant la dose de poudre, on a bien du mal à y retrouver ses arômes ! Le café torréfié et moulu est congelé, broyé et passé à l'état gazeux. Refroidi, il se transforme en paillettes. Miam ! Aujourd'hui, on propose des cafés 100 % arabicas (on utilisait plutôt du robusta), des versions cappuccino et des versions au lait.

Conserver le café ?

Huit jours pour le café moulu, quinze jours pour le café en grains. On conservera les deux sortes dans une boîte bien hermétique dans le bas du réfrigérateur.

Préparer un bon café

Pas compliqué, me direz-vous ? Certes, mais, pour être sûr du résultat, il est conseillé de suivre quelques bons vieux préceptes :
– idéalement, utilisez un café récemment torréfié. Disons, dans la semaine ;
– si vous désirez moudre votre café vous-même, conservez les grains dans un bocal hermétiquement clos après l'achat, et passez les grains au moulin au dernier moment ;
– utilisez de l'eau du robinet, si elle n'est pas trop chlorée ou calcaire, ou de l'eau de source peu minéralisée ; elle doit non pas bouillir, mais frémir ;
– utilisez la cafetière de votre choix ;
– versez le café dans des tasses réchauffées ou dans des verres, et dégustez aussitôt.

Chacun sa cafetière

C'est souvent affaire de famille. Ces sortes d'habitudes ont la dent dure, mais il n'empêche... Certains ustensiles méritent qu'on s'y attarde, pour l'histoire et pour leur bon résultat. Ils sont également décoratifs et contribuent à installer l'ambiance désirée.

– Cafetière à dépression, de type « Cona », apparue en Grande-Bretagne au XIXe siècle. Très prisée des amateurs, elle restitue à merveille les arômes du café. Elle est constituée de deux globes de verre transparent, la boule et la tulipe, reliés par un tube et séparés par un filtre. On verse l'eau dans la boule, la mouture dans la tulipe placée au-dessus, et, on place le tout sur le feu. L'eau monte lentement dans la tulipe et, lorsqu'on arrête le feu, le café redescend dans la boule. Cet ustensile fragile est assez peu usité.

– Cafetière à filtre, inventée par l'archevêque de Belloy vers 1800. À l'origine, la cafetière en porcelaine est surmontée d'un filtre lui aussi en porcelaine, percé de petits trous. On y dépose une mouture grossière sur laquelle on verse l'eau chaude. Ce système a été amélioré avec le filtre en papier, ce qui a permis de mieux retenir le marc. Les cafetières électriques s'appuient sur ce principe. Elles permettent d'obtenir un café d'assez bonne qualité.

– Cafetière à piston, apparue au début du XXe siècle. En verre, la cafetière doit être ébouillantée avant usage. On verse ensuite la mouture à l'intérieur (5 g par tasse, mouture fine), on ajoute l'eau chaude et on laisse infuser quelques minutes. Le système de piston sépare alors le liquide du marc en tassant ce dernier au fond du cylindre de la cafetière. C'est un excellent procédé qui permet de respecter les arômes du café.

– Cafetière italienne, de la seconde moitié du XXe siècle. Une institution qui a sa place dans nombre de foyers italiens et français. Les deux cônes inversés de cette cafetière sont séparés par le café, déposé dans un filtre en métal. L'eau placée dans la partie basse, quand elle est chauffée, traverse la mouture par percolation. Le café remonte dans le cône supérieur. Pratique, mais peu fiable pour conserver l'arôme du café, brûlé par la vapeur.

– La machine à expresso (et cappuccino), apparue au XIXe siècle. Présente dans la plupart des pays consommateurs de café, cette machine permet d'obtenir un café corsé et aromatique. *Espresso* signifie en italien « sous pression » et c'est en effet la pression qui porte la température de l'eau jusqu'à 90 °C. Celle-ci passe à travers une mouture très fine, correctement tassée. Un expresso a une texture veloutée et est recouvert d'une fine mousse caramel. Ce procédé, parfait pour préserver les arômes, est néanmoins assez coûteux. On trouve aujourd'hui une bonne gamme de machines « familiales ». Elles permettent également de réaliser de délicieux cappuccinos.

De belles rencontres

**« Couleur café
Que j'aime ta couleur café... »**
(Gainsbourg)
Pour concocter de belles parenthèses gourmandes autour d'un café, il faut laisser parler ses talents de metteur en scène : devront s'associer et jouer ensemble les crus, les saveurs et les mets, la vaisselle et quelques éléments de décoration. Tout un plat, disions-nous ! Outre les recettes à base de café proposées dans cet ouvrage, voici quelques idées de dégustation bien balancées, ambiances dont vous pourriez vous inspirer...

Pour accompagner le maître des arômes, pensez aux produits d'épiceries des pays producteurs de café, aux douceurs maison rapides à cuisiner, aux produits surgelés (verrines, cannelés, macarons, glace ou sorbet, coulis...) ou en conserve (fruits exotiques, compotes épicées), aux fruits frais, bien sûr, qui se prêtent à tant de succulentes préparations, simples à réaliser (salades, brochettes, fruits pochés...), aux fruits secs aussi (divins avec le chocolat et le café), enfin à toute une panoplie de douceurs pour des alliances réussies avec les grands crus.
Sucrez chic avec des bâtonnets de sucre candi blanc et roux et des sucres fantaisie.

Pour récapituler, un peu de mise en scène et surtout de la fantaisie ! Il faut que ce soit joli à regarder – verrines ou miniatures sucrées placées dans des cuillères chinoises – et gourmand, sans pour autant devoir rassasier.

Café, quand tu fais fondre le chocolat...
Ces deux-là sont des inséparables. Ils s'appellent, s'accordent et s'unissent sous les palais depuis belle lurette. Une telle harmonie se remarque et se fête. Vos moments gourmands autour du café en seront l'occasion. Voici quelques petits rituels de mises en bouche pour un mariage réussi :
– pour un café délicatement fruité, choisissez un chocolat noir un peu acide ;
– pour un café franc, acide, aux notes d'agrumes, penchez pour des chocolats plus doux, un peu sucrés, pourquoi pas pralinés ;
– pour un café rond et suave, prolongez le plaisir avec un chocolat lacté enrichi de fruits secs ou préférez un chocolat au lait assez riche en cacao ;
– pour un café boisé, à l'arôme de réglisse, ne résistez pas à un chocolat caramélisé ou parfumé au café. Un rocher à la praline conviendra aussi tout à fait ;
– pour un café plus racé, aux fragrances typées, n'hésitez pas à choisir un chocolat noir au goût puissant, épicé ou fruité.
Et pas dans n'importe quel ordre ! D'abord le chocolat pour éveiller vos papilles et, une fois le palais échauffé, le café. Les deux pourront ainsi se répondre sans se confondre. Si c'est pas de l'amour...

Mention spéciale : chocolat fondu
Choisissez un chocolat noir à pâtisser de bonne facture. Faites fondre au bain-marie et versez sur le support de votre choix. Par exemple sur des tranches de pain d'épice, des fonds de tartelette déjà cuits. Puis, selon vos goûts, parsemez des tranches de brioche grillées ou des fruits frais, de fruits secs afin de réaliser de minimendiants. Laissez refroidir avant de servir.

Ambiance Topkapi

« Partout où se trouve le Turc, il fait son kief, c'est-à-dire que, tenant son chibouk d'une main et sa tasse de café de l'autre, il reste perdu dans d'absorbantes rêveries. » (Maxime du Camp, *Souvenirs et paysages d'Orient*.)

Le café turc (ou grec, c'est selon) permet d'associer dégustation à divination.
Pour une dégustation à la turque, aménagez un coin du salon de manière que les invités puissent s'asseoir sur des coussins autour d'une table basse. Un grand plateau de cuivre ciselé serait idéal.
Un narguilé ne serait pas de trop !

Le cérémonial
Munissez-vous d'un cezve (cafetière en cuivre large du fond, étroite dans le haut et pourvue d'un long manche en bois) et de petites tasses à moka avec leurs sous-tasses.
Versez dans le cezve l'équivalent d'une tasse à moka d'eau par tasse de café désirée.
Ajoutez une cuillerée à café de sucre par tasse et portez à ébullition.
Versez alors deux cuillerées de café (mouture très fine) par tasse.
Refaites bouillir.
Dès que le liquide monte jusqu'au bord, retirez immédiatement et servez.
Certains laissent redescendre l'écume hors du feu et répètent l'opération trois fois.
Versez peu de café à la fois dans les tasses et répartissez l'écume à la petite cuillère.
On peut aussi déguster son café *sade* (sans sucre), *orta* (très peu sucré), ou *çok sekerli* (très sucré).

La divination
On aura pris soin de ne pas avaler le marc ! Ce qui pourrait compromettre votre plaisir et le jeu divinatoire. Pour commencer, une fois le café avalé, couvrez la tasse de sa sous-tasse, puis renversez le tout et attendez quelques minutes que le reste de liquide ait tracé des formes dans le marc. Laissez sécher. Retournez la tasse pour vous livrer à l'interprétation des motifs, et rêvez tout haut, porté par le climat envoûtant de toutes ces turqueries.

Des douceurs en plus
Des pâtisseries orientales achetées chez le traiteur – de miniloukoums servis avec des piques en bois –, des boules de glace à la rose assorties de pétales de roses cristallisés, servies dans de petits verres à thé (vendus dans les bazars orientaux, ainsi que les minicuillères qui vont avec). Et, bien sûr, une belle carafe en verre transparent remplie d'eau très fraîche et dans laquelle on aura glissé un brin de menthe.

Vous n'auriez pas... du thé ?

Ou comment faire un bon thé quand on est café addict

Pour la petite histoire. Dans la seconde moitié du XVIIe siècle, Thomas Garraway, tenancier d'un Coffee House à Londres, introduisit le thé dans sa boutique et fit paraître dans le journal de l'époque ce placard : « Cette excellente boisson, approuvée par tous les médecins chinois, que les Chinois appellent *tcha*, d'autres nations *tay* alias *tee* est en vente à la Sultaness Mead près du Royal Exchange à Londres. » Voici comment, par la voie du café, le thé se faufila en Europe.

Les grands principes pour réussir le thé :

– veillez à la qualité de l'eau (eau du robinet filtrée ou eau de source peu minéralisée) ;
– faites frémir l'eau, ne la faites jamais bouillir ;
– avant de préparer le thé, tapissez la théière de vapeur d'eau en la rinçant à l'eau chaude ;
– comptez 2 g de thé pour 10 cl d'eau.

Des saveurs différentes

Qu'il soit vert, noir, blanc ou rouge, le thé offre une grande diversité de couleurs et de saveurs. Cette palette très variée est le résultat d'une série de transformations. Terroir, date des récoltes, type de cueillette et fermentation en sont les éléments clés. Pour élargir la gamme des thés, on les a parfumés en les mêlant à des fleurs et à des épices ou aromatisés avec des essences naturelles.

– Le thé blanc, fleuri. Non fermenté, c'est un thé très rafraîchissant au goût velouté et fleuri.

– Le thé vert, frais. Non fermenté, ce thé frais joue sur une large partition de notes végétales.

– Le thé jaune, délicat. Il surprend par ses notes fruitées et subtilement acidulées.

– Le thé bleu-vert, oolong, parfumé. Ses crus sont très parfumés, aux notes de fruits et de miel.

– Le thé rouge, sucré. À tort appelé thé noir, il est fermenté et, selon ses terroirs, son goût varie de fumé pour le Lapsang souchong à très épicé pour le Yunnan.

– Le thé noir, épicé. Il est doté d'un goût assez prononcé.

Café en grains ou café moulu ?

Bonjour nostalgie...
Où l'on revoit le moulin bien calé entre les cuisses, le mouvement régulier de la main tournant la poignée et, pour finir (et presque se faire une hallucination olfactive), le petit tiroir ouvert sur le mont de poudre noire...
Certains aficionados se servent encore du moulin manuel en bois, tel que décrit dans cette soudaine réminiscence ! Pour mettre tout le monde d'accord, on peut moudre ou faire moudre. L'idéal étant de le faire au dernier moment. Et, si l'on choisit la première solution, il existe bien sûr des appareils électriques. Si vous êtes amateur d'expresso, il faudra investir dans un modèle assez cher, car seuls ces derniers permettent d'obtenir une mouture assez fine.

De monts en merveilles

Orchestrée par un voluptueux nectar, une suite de tentations crémeuses joliment proposées dans des verres hauts et évasés affolera les gourmands le temps d'un slunch. À ce fameux goûter dînatoire « made in America », il est en effet de bon aloi de débuter la dégustation par de fines et subtiles gourmandises. Le café pourra fort savamment continuer de valoriser la suite des mets proposés, constituée la plupart du temps de recettes de légumes ludiques et innovantes. On accordera ces gourmandises habilement dressées sur des supports hétéroclites à un blue mountain, cru rare et élégant s'il en est. Ce nectar jamaïcain exceptionnel, aux arômes boisés et délicats, très équilibré, conviendra parfaitement à l'onctuosité des desserts.

- Tiramisu, p. 58
- Verrine orange, fromage blanc, dés d'orange, pistaches concassées
- Riz au lait, chantilly chocolat au lait
- Brisures de dacquoise, crème praliné
- Biscuits à la cuiller
- Minimadeleines, p. 59
- Minifinanciers, p. 59

Après la baignade

... et quelques coups de pédales, un goûter au jardin, dégusté avec des doigts poudrés de sel. Une composition de bouchées précieuses surgie d'entre deux galets pour surprendre les affamés... C'est beau, raffiné et cela titille les sens à point.

Les petits verres transparents permettent d'apprécier de l'œil le velouté du café et de jouer sur la lumière, si douce en fin de journée. Pour aller avec les accords ronds et fruités des pâtisseries, leurs structures moelleuses, aux couleurs chaudes, on choisira un nectar suave et onctueux. Un maragogype du Nicaragua alliant douceur et corps, légèrement acidulé, donnera le « la ». Pour associer des arômes de fruits secs à la saveur de la pomme cuite, un mysore plantation A aura tout l'heur de plaire.

- Tartelette aux pommes, p. 60, glace à la vanille
- Granité pommes-calvados, p. 59
- Minitatin sur pain d'épice, p. 58
- Grains de raisin flambés au rhum

Un petit tour d'horizon

Le café se plaît en maintes compagnies ; grand voyageur, il a parfois le goût exotique ! Adieu le comptoir du troquet du coin de la rue, bonjour la compagnie des Indes et les dés de mangue à la coriandre. Il ne faut pas craindre de dépayser ce subtil nectar en le mariant avec des saveurs inédites car il a du répondant et incite à bien des audaces gustatives. Pour l'ambiance, cela permet de renouveler la déco en la déclinant sur le thème des régions culinaires visitées. Les ustensiles de la cuisine asiatique offrent ainsi de ludiques alternatives au bon vieux service à café, et peuvent se nicher dans ses jolies coupelles bien des bouchées gourmandes. Pour accompagner un périple exotique fruité et délicat, on pensera à un cru des Indes malabar, café moussonné, corsé et légèrement acidulé.

- Cuillère de mousseline matcha, p. 72
- Tartelette ananas-baies roses, p. 60
- Tuiles aux amandes et au sésame doré
- Tartare de mangue à la vanille et à la coriandre, p. 72

Pause au comptoir

La cigarette (la malheureuse !) étant frappée d'interdit, les patrons des cafés et autres brasseries à la mode devraient s'inspirer des bars à tapas espagnols et faire fleurir sur leurs comptoirs des séries de mignardises à croquer pour accompagner les expressos quotidiens de leurs clients, qui, l'humeur en berne, regrettent le bon vieux temps... Minimousses, brochettes sucrées, morceaux de chocolat, autant de douceurs qu'il ferait bon grignoter en sirotant son caoua. En attendant que cette mode s'installe, on chouchoutera son café à la maison (avec ou sans la copine nicotine !)... Pour cette partie de plaisir, on jouera sur des astuces déco, avec ustensiles décalés et récipients baroques. Le café, on le choisira bon camarade, du genre généreux et convivial, assez corsé. Un costa rica au goût légèrement fruité devrait convenir à cette pause café revisitée.

- Mousse au chocolat, p. 61, spirale en chocolat
- Verre de pop corn
- Brochette de minifinanciers, p. 59
- Brochette de fruits
- Sauce fondue au chocolat
- Chocolat noir aux noisettes

American retro

Une déco vinyle pour deviser sur de vieux airs de blues en dégustant des pâtisseries « made in USA ». Pour une ambiance à la « Starbuck coffee at home » en optant pour des supports détournés de leur vocation habituelle, à l'instar de cette chaîne de café implantée en France qui nous invite à siroter autrement notre express national. Crumble et petits gâteaux sont de ces douceurs faciles à concocter en peu de temps, mais si l'on se sent plus enclin à swinguer qu'à pâtisser on les trouvera facilement tout préparés. En version surgelée, en vente à emporter au salon de thé du quartier ou bien à la boulangerie. Car le top de cette composition gourmande n'est autre que le café, que l'on choisira vif et équilibré : un nectar velouté aux arômes de fruits secs grillés encanaillé d'une pointe de cacao, par exemple le sigri papouasie ou un cru plus doux comme le santos brésil, aux notes de noisettes grillées.

- Chamallow blanc
- Brownies aux amandes, aux pistaches et aux noisettes, p. 64
- Cookies aux pépites de chocolat, p. 64
- Muffins, p. 62
- Crumble de compote de pommes, p. 65

Ode au printemps

La douceur revenue, il fera bon la fêter autour d'un cru pétillant et un peu corsé. Un guatemala antigua amplifiera les sensations de ce trio gourmand. L'association du crémeux et des fruits frais fera durablement résonner les notes colorées de ce café riche en nuances. Son petit goût acidulé sera bien fait pour électriser les papilles.

- Cassolette de crème brûlée, p. 73
- Salade de fraises à la vanille et à la grenadine
- Douceur de fruits rouges à la pistache, p. 61

recette coup de cœur

Un café en rose

Pour les amoureux des mélanges légers et piquants, cette invitation à une danse gourmande des papilles, aux notes légèrement acidulées. Artistiquement disposées sur une mosaïque colorée composée de carreaux en faïence ou d'autres supports colorés à disposition, les pâtisseries placées sous le signe de la framboise dessineront un cercle rose autour du café. Le franchir, ce sera s'aventurer à vivre une expérience gustative riche en échanges avec un cru choisi pour sa franche complicité avec les fruits rouges. Un guatemala antigua, par exemple, vif et acidulé, à la saveur légèrement épicée et laissant deviner une pointe cacaotée idéale pour converser avec la framboise. Après déjeuner, ce dessert composite fera sensation.

- Tartelette aux framboises, p. 60
- Gratin de framboises, p. 66
- Chantilly bicolore vanille/framboise, p. 69
- Minifinanciers roses, p. 59

Retour de Portobello road

Dans des tasses en porcelaine chinées ici et là chez vos brocanteurs préférés, on versera le filtre magique d'une pause quatre heures raffinée et gourmande. Le service métissé et délicat s'accordera bien avec des pâtisseries aériennes aux saveurs de noisette et de cacao. Le tout dans une déco volontiers hétéroclite, type bohême chic, qui permettra des associations de styles et d'époques divers. Le service à café dépareillé est parfois sans pareil pour créer une atmosphère détendue et conviviale. Le côté doux et lacté des petits gâteaux fera bon mélange avec un nectar fruité et vif. Le kenya AA, bien sûr, dont on apprécie toujours la note d'agrume, mais aussi les crus du Guatemala, toujours vifs et colorés. Sur ces divines liqueurs, on pourra verser quelques gouttes de crème ou de lait selon les envies. Un conseil : pour consommer à bonne température, préférez une porcelaine épaisse.

- Volute tuile orange-grué de cacao, p. 71
- Millefeuille Bourbon, p. 67
- Minimadeleines, p. 59
- Tartelette aux amandes, p. 60

P'tit-déj' des gourmets

Agrumes, miel et viennoiseries pour une entrée dans le jour tout en harmonies gourmandes. Ces associations de douceurs se mêleront, selon les goûts, aux arômes délicats d'un cru de thé ou de café. S'il s'agit d'un thé, un grand yunnan, pour son goût fleuri et corsé, et la petite pointe d'astringence qui vous saisit. Si l'on préfère le café, un luxe, le moka sidamo d'Éthiopie... et son bel équilibre de saveurs, ses notes délicates, fruitées et florales.

- Salade d'orange aux pistaches
- Fromage blanc au miel et au muesli
- Minicroissant
- Minipain au chocolat

recette vite fait !

Palette exotique

Pour se dépayser en fin de journée, pourquoi ne pas concocter une rencontre fruitée et généreuse. Dans un décor design noir et blanc, réchauffez l'atmosphère par de juteuses préparations bien relevées associées au doux baba. Pour exaucer les goûts, on choisira un café distingué, assez typé, riche en arômes. Le suave zimbabwe AA ou le burundi plus boisé seront tout indiqués pour accompagner le jour déclinant.

- Salade ananas piment tequila
- Baba exotique, p. 63
- Jus mangue-passion
- Éclats de noix de coco

Manège épicé

L'épicé doux, mêlé aux notes suaves du loukoum ou de la mousse, sera la note majeure de l'invitation gourmande. Pour une ambiance méditerranéenne et une évocation des tendres « pastelles » espagnols ou des « pasticceria fiorentina » d'Italie – ces pauses gourmandes typiques du sud de l'Europe où l'on se régale de petits gâteaux souvent crémeux, au goût d'amande, de pignon ou de miel. Le décor et le service de table s'en inspireront pour une ambiance lumineuse. Pour une pause d'après-midi, on choisira un cru en accord avec l'onctuosité des desserts, qui ne dédaigne pas le lacté ni le moelleux. Un java indonésien, vif et puissant, aux notes légèrement épicées pourrait bien faire durer le plaisir.

- Tartelette orange meringuée, p. 69
- Mousse cannelle, p. 70
- Loukoum
- Croquant amandes et grué de cacao, p. 70
- Meringue, p. 70

Folies douces

Pour une escapade dans le monde magique de l'enfance, une ronde de friandises autour d'un thé aromatisé : cannelle, fraise ou bergamote. Aucun plaisir ne vous sera épargné ! Il y faudra du tendre, ah ! Chamallow… quand tu nous tiens, du fruité et du chocolaté… De quoi devenir guimauve ! Le thé, un rooibos, par exemple, séduira avec sa belle robe rouge cuivrée et son arôme intense, fruité si l'on veut, qui pourra rafraîchir le palais. On en sortira les doigts poissés et la bouche tout en sucre ! Tout cela dans un lieu aménagé en alcôve pour pouvoir se lover à satiété…

- Club sandwich Nutella, p. 72
- Chamallows grillés
- Smoothie aux fraises, p. 65
- Bonbons au chocolat

recette vite fait !

Café design

Quand la rondeur des macarons vient épouser les lignes pures d'un service en inox. Une pause-café étudiée qui requiert un cru assez vif et aromatique pour répondre aux accents fruités des pâtisseries. Un café d'altitude comme le caracoli mexicain offrira à la dégustation de belles notes fruitées, le guatemala lago azul ne sera pas en reste avec son léger goût d'agrume et son corps vif et souple.

- Crème épaisse • Café concassé
- Macarons cassis, p. 71
- Macarons cerise, p. 71
- Macarons framboise, p. 71

Café, bonbons & compagnie

Pour une régression bien orchestrée au pays du bonbon arrosée par un café de grand. La composition gourmande aux couleurs pastel devrait à elle seule charmer l'auditoire, composé comme il se doit de bons copains/copines prêts à se jeter avec fièvre sur les douceurs préférées de leurs jeunes années. Il faudra trouver les bons accords avec un cru capable de se prêter au jeu sans disparaître sous les assauts des sucreries. Un café vif, imaginatif et pétillant serait tout indiqué. Plusieurs pourraient convenir. Citons l'altura pluma mexicain, cru à l'arôme intense, et le zimbabwe A, suave et acidulé.

- Lait menthe glacé
- Fraises Tagada en brochette
- Tartelette fraises/framboises, p. 60
- Financiers roses et pistache, p. 59

Prélude fruité

Pour brunch végétal et matinée ensoleillée. On mettra tout son art à rassembler les ingrédients d'une dégustation placée sous le signe de la fraîcheur. La chaleur revenue permet la simplicité de la mise, sur le plan du décor comme sur celui des ingrédients de la composition gourmande. Cela devra évoquer le vert, le pétillant et le fondant. Comme la légère astringence des kiwis jouant avec la saveur suave de la banane, on trouvera côté nectar un partenaire assez vif et fruité. La grande finesse du kenya AA semble tout indiquée pour amplifier les sensations en bouche. Ses notes de fruits rouges, son goût légèrement citronné contribueront à réveiller les papilles en douceur.

- Petite salade de fruits en feuille de riz
- Brochette de banane au sésame doré
- Petit cake pistache, p. 65
- Faux œuf au plat et sa mouillette, p. 66

Au coin du feu

Pour clore le repas, un café gourmand qui ne manque pas de panache. Une ronde de saveurs banane/chocolat soutenue par un cru aux arômes de fruits secs. Tout en délicatesse et en douceur, le mysore A sera celui-là. Il entamera un jeu d'harmonies discrètes et sensuelles avec les desserts qui l'accompagnent.

- Crème au chocolat et ses copeaux, p. 73
- Banane fressinette flambée
- Bonbons banane
- Chou au sucre, p. 68

Nuages noirs et blancs

Du crémeux dans un tendre décor anis, voilà qui évoque l'Italie et les préciosités sucrées que l'on y découvre. Sur de beaux et larges disques à découper, pour remplacer le traditionnel plateau, il sera loisible de composer des assortiments gourmands variés, nettement chocolatés pour répondre au délectable cappuccino servi dans des tasses, façon « mugs ». Tout sera dans l'art de combiner ensemble les douceurs sur l'assiette. Variante italienne du crème, le cappuccino, que l'on peut poudrer de cacao, n'est autre qu'une mousse de lait déposée avec art sur un express. Cette préparation, ô combien suave, requiert des cafés bien équilibrés, par exemple un assemblage de crus aux notes fruitées et aux arômes grillés concocté par votre brûlerie habituelle.

- Cappuccino
- Chouquette au chocolat, p. 68
- Mousse au chocolat, p. 61
- Douceur lactée, p. 62

recette coup de cœur

Une crème de goûter

Une composition idéale pour les retours de balade à l'automne ou en hiver !
Où les gourmandises sont presque des pâtisseries et où les nougats rivalisent avec la crème de marrons. Pour aller de réconfort en plaisir, on fera glisser avec un crème bien mousseux. Et, si l'on veut que le crime soit parfait, on remplacera le lait par de la crème afin d'obtenir un « caffè con panna » à l'italienne. On choisira un cru de café assez léger qui aime les notes lactées, un colombie supremo, par exemple, ou un indes baba budan.

- Crème à la vanille et concassée de noisettes, mouillette de pain d'épice
- Diamants, p. 67
- Nougat
- Tendresse marron (sablé + crème de marrons)
- Brochette bicolore aux raisins poêlés

À fraise-que-veux-tu

Des douceurs fruitées attendent sagement l'estocade pour une composition perfectionniste et rafraîchissante. Dessert de printemps inédit, ce café gourmand viendra clore un repas léger de façon simple mais raffinée. Un tel assortiment trouvera aussi preneur par une belle matinée d'été, à l'heure du brunch. Plus sophistiqué qu'il n'y paraît, il aura été préparé la veille. Selon les supports dont on dispose, on pourra rejouer le même ballet en rond ou en carré sans lui ôter son élégance. Un nectar colombie cauca aux notes de fruits rouges fera vibrer savamment sur les papilles les saveurs fruitées des desserts.

- Fraises
- Verrine de confiture de fraises/fromage blanc/spéculoos
- Minicake aux fruits confits, p. 63
- Fraises au chocolat

Café chouchou

Rien de tel qu'une ronde de choux pour siroter un café. Une bouchée de l'un, une gorgée de l'autre, un peu de crème pour faire glisser et cela recommence... Une vraie féérie.
Il y a ainsi des ingrédients qui s'acoquinent à merveille et ceux-là en font partie. Ils pourront offrir une parenthèse gourmande de midi à minuit, au moment que l'on veut, et plutôt deux fois qu'une. Pour un mariage réussi avec les délicates bouchées, un moka d'Éthiopie semble tout indiqué. Un sidamo, bien sûr, légèrement acide et suave, mais aussi un limu, plus léger, à l'exceptionnelle délicatesse. Son faible taux de caféine en fait un café du soir.

- Choux au chocolat, p. 68
- Choux au café, p. 68
- Éclats aux 3 chocolats
- Crème marbrée café-chocolat

Tartelettes

Pâte sablée
- 150 g de beurre
- 100 g de sucre glace
- 30 g de poudre d'amande
- 1 œuf
- 250 g de farine
- Une pincée de sel.

Crème d'amandes
- 100 g de beurre
- 100 g de sucre en poudre
- 100 g de poudre d'amande
- 2 œufs
- 1 cuil. à soupe de Grand Marnier
- 1 cuil. à soupe de farine.

Garniture
- 100 g de confiture
- 300 g de fruits au choix.

- Préparez la pâte sablée : dans un récipient, malaxez le beurre à la main. Ajoutez le sel, le sucre glace et la poudre d'amande. Ajoutez l'œuf. Mélangez vivement puis ajoutez la farine tamisée. Arrêtez de mélanger dès que la farine est incorporée. Enveloppez la pâte dans un film plastique puis réservez au réfrigérateur pendant 2 heures.
- Sortez la pâte du réfrigérateur et malaxez-la un peu à la main pour la ramollir. Étalez-la à l'aide d'un rouleau à pâtisserie à 3 mm d'épaisseur. Découpez des disques de pâte légèrement plus grands que les moules puis disposez-les dans les moules préalablement beurrés. Appliquez la pâte le plus régulièrement possible. Laissez reposer 30 minutes au réfrigérateur.
- Préparez la crème d'amandes : ramollissez le beurre. Ajoutez le sucre et la poudre d'amande. Ajoutez les œufs puis fouettez. Ajoutez le Grand Marnier et la farine. Mélangez.
- Garnissez les fonds de tarte avec la crème d'amandes à l'aide d'une poche à douille ou d'une cuillère à soupe. Cuisez au four à 150 °C (th. 5) pendant 20 minutes. Sortez du four et laissez refroidir.
- Préparez la garniture : faites fondre la confiture avec une goutte d'eau dans une casserole.
- À l'aide d'un pinceau, nappez les fonds de tarte, garnissez avec les fruits puis nappez avec le reste de confiture.
- Réservez au réfrigérateur.

Vous pouvez aussi ne pas ajouter de fruits ou les remplacer par des bâtonnets d'amandes grillés.

Mousse au chocolat

Ingrédients

- 125 g de sucre en poudre
- 2 œufs + 5 jaunes
- 325 g de chocolat noir à 70 % de cacao
- 50 cl de crème fraîche liquide.

- Faites bouillir 3 cuillerées à soupe d'eau et le sucre. Battez les 2 œufs entiers et les jaunes. Versez le sirop sur les œufs. Fouettez vivement au batteur électrique jusqu'à ce que le mélange soit à température ambiante. Il doit être léger et mousseux.
- Faites fondre le chocolat au bain-marie. Lorsqu'il est liquide et tiède, incorporez-le à la première préparation. Fouettez la crème fraîche très froide jusqu'à ce qu'elle ait doublé de volume et qu'elle tienne aux branches du fouet. Incorporez-la à la base chocolatée. Dressez dans les verrines.
- Placez 1 heure au réfrigérateur avant de servir.

Douceurs de fruits rouges à la pistache

Dacquoise

- 7 blancs d'œufs
- 80 g de sucre en poudre
- 160 g de poudre d'amande
- 160 g de sucre glace
- 2 cuil. à soupe de farine.

Crème légère à la vanille

- 3 jaunes d'œufs
- 75 g de sucre en poudre
- 25 g de fécule de maïs
- 30 cl de lait
- 1 gousse de vanille
- 30 cl de crème fraîche liquide.

Garniture

- 125 g de framboises
- 125 g de fraises
- Sucre glace
- Pistaches.

- Préparez le fond de tarte en dacquoise : dans un récipient, à l'aide d'un batteur électrique, battez les blancs en neige avec le sucre jusqu'à ce qu'ils soient bien fermes. Incorporez la poudre d'amande, le sucre glace et la farine tamisés ensemble. Mélangez délicatement.
- À l'aide d'une poche à douille, remplissez de petits moules ou dressez des spirales sur du papier cuisson. Formez des petites boules les unes à côté des autres sur les bords. Saupoudrez avec du sucre glace.
- Faites cuire à 170 °C (th. 5-6) pendant 20 minutes. Sortez du four et laissez refroidir.
- Préparez la crème pâtissière : dans un saladier, battez les jaunes d'œufs avec le sucre et la fécule de maïs jusqu'à ce qu'ils blanchissent. Faites bouillir le lait avec la gousse de vanille. Versez-le sans la gousse sur les jaunes blanchis. Remettez le tout dans la casserole et cuisez à feu doux en remuant jusqu'à ébullition. Cuisez encore 1 minute après ébullition. Versez la crème dans un plat et couvrez avec un film plastique. Laissez refroidir.
- Fouettez vivement la crème fraîche jusqu'à ce qu'elle double de volume et tienne aux branches du fouet.
- Remettez la crème pâtissière dans un récipient puis lissez-la en remuant avec un fouet. Incorporez-lui délicatement la crème fouettée.
- Garnissez le centre des fonds de dacquoise avec la crème légère à la vanille. Ajoutez les fruits. Saupoudrez avec du sucre glace et répartissez les éclats de pistache.

Douceurs lactées

Crumble
- 50 g de beurre
- 2 cuil. à soupe de sucre en poudre
- 60 g de farine.

Crémeux au chocolat
- 15 cl de lait
- 10 cl de crème fraîche liquide
- 2 jaunes d'œufs
- 40 g de sucre en poudre
- 140 g de chocolat noir à 70 % de cacao.

Crème Chantilly chocolat au lait
- 30 cl de crème fraîche liquide
- 100 g de chocolat au lait.

- Préparez le crumble : dans un saladier, malaxez le beurre ramolli, le sucre puis la farine. Mélangez jusqu'à obtenir des miettes de pâte. Disposez le crumble sur une plaque à four recouverte de papier sulfurisé.
- Cuisez au four à 180 °C (th. 6) pendant 20 minutes. Sortez du four et laissez refroidir.
- Préparez le crémeux au chocolat : faites bouillir le lait et la crème. Battez les jaunes d'œufs avec le sucre. Versez-y la crème et le lait. Reversez le tout dans la casserole et cuisez à feu doux en remuant avec une spatule en bois jusqu'à ce que la crème épaississe. Elle ne doit pas bouillir. Versez la crème sur le chocolat préalablement râpé. Mélangez jusqu'à obtention d'une consistance lisse. Versez dans un plat, recouvrez avec un film plastique et laissez refroidir.
- Préparez la crème : faites bouillir la crème et versez-la sur le chocolat préalablement râpé. Mélangez puis recouvrez la crème avec un film plastique. Mettez-la au congélateur pendant 45 minutes puis montez-la en chantilly à l'aide d'un batteur électrique. Réservez au réfrigérateur.
- Dressez les verres : disposez dans chacun des 8 verres 1 cuillerée à soupe de crumble. À l'aide d'une poche à douille, remplissez les verres aux trois quarts avec le crémeux au chocolat. À l'aide d'une autre poche à douille, finissez de garnir les verres en faisant une grosse rosace de crème Chantilly chocolat au lait.

Vous pouvez aussi les dresser dans des fonds de tartelettes sablées précuits.

Muffins

Ingrédients
- 145 g de beurre
- 150 g de sucre en poudre
- 1 œuf
- 170 g de farine
- 1/2 sachet de levure chimique
- 100 g de pépites de chocolat.

- Mélangez au fouet le beurre ramolli avec le sucre en poudre. Incorporez l'œuf et mélangez énergiquement pour obtenir un mélange bien lisse. Ajoutez la farine tamisée avec la levure chimique. Mélangez avec une spatule en ajoutant les pépites de chocolat.
- Préparez les caissettes à muffins. Versez la pâte à muffins. Faites cuire 30 minutes à 180 °C (th. 6).
- À la sortie du four, démoulez les muffins et posez-les sur une grille pour les laisser refroidir.

Minicakes aux fruits

Ingrédients
- 100 g de raisins de Corinthe
- 6 cuil. à soupe de rhum
- 225 g de beurre
- 225 g de sucre glace
- 4 œufs
- 250 g de farine
- 1/2 sachet de levure chimique
- 50 g de cerises confites
- 50 g d'oranges confites
- 50 g de citrons confits
- 1 zeste d'orange
- 1 zeste de citron.

- Plongez les raisins secs dans une casserole d'eau bouillante pour les faire gonfler. Égouttez-les et faites-les macérer dans 4 cuillerées à soupe de rhum.
- Mélangez au fouet le beurre ramolli avec le sucre. Incorporez les œufs et mélangez énergiquement pour obtenir un mélange bien lisse. Ajoutez la farine tamisée avec la levure chimique. Mélangez avec une spatule en ajoutant les fruits confits, les raisins secs et les zestes de citron et d'orange. Beurrez et farinez les moules à mini-cake. Versez la pâte dans les moules. Faites cuire 20 minutes à 160 °C (th. 5-6). Démoulez, arrosez avec le rhum restant et laissez refroidir.

Babas exotiques

Pâte à savarin
- 250 g de farine
- 5 g de sel
- 10 g de sucre en poudre
- 15 g de levure
- 200 g d'œufs
- 80 g de beurre.

Sirop cocktail d'agrumes
- 375 g de sucre en poudre
- 30 cl de jus d'orange
- 5 cl de rhum.

Crème
- Le zeste de 1 orange
- 350 g de crème pâtissière
- 175 g de crème fouettée.

- Framboises.

- Pour la pâte : travaillez au batteur tous les ingrédients sauf le beurre. Ajoutez 20 g d'eau quand la pâte est lisse. Laissez la pâte fermenter. Ajoutez le beurre fondu tiède.
- Mettez la pâte dans une poche munie d'une douille unie de 12 mm de diamètre et dressez dans des moules à savarin. Laissez lever dans un endroit tiède. Cuisez à 160 °C (th. 5-6) pendant 40 minutes.
- Pour le sirop : faites bouillir le sucre et 50 g d'eau, versez sur le jus d'orange et le rhum.
- Pour la crème : pochez le zeste d'orange 2 minutes dans l'eau bouillante. Fouettez la crème pâtissière, incorporez les zestes froids puis, délicatement, la crème fouettée.
- Chauffez le sirop à 50 °C, plongez les savarins dans le sirop, retournez-les au bout de 10 minutes, retirez-les du sirop lorsqu'ils sont parfaitement imbibés. Égouttez-les sur grille. Refroidissez et faites une belle rosace de crème. Décorez avec des framboises.

Brownies aux amandes, aux pistaches et aux noisettes

Ingrédients
- 175 g de beurre
- 200 g de chocolat noir à 70 % de cacao
- 3 œufs
- 125 g de vergeoise blonde
- 150 g de sucre en poudre
- 4 cuil. à soupe de crème fraîche épaisse
- 120 g de farine
- 40 g de noisettes
- 40 g d'amandes
- 50 g de pistaches.

- Au bain-marie, faites fondre ensemble le beurre et le chocolat.
- Dans un saladier, battez les œufs, la vergeoise blonde et le sucre jusqu'à ce que le mélange soit mousseux. Incorporez le chocolat et le beurre fondus. Ajoutez la crème fraîche puis mélangez. Incorporez la farine préalablement tamisée. Mélangez délicatement en ajoutant les noisettes, les amandes légèrement grillées et concassées et les pistaches.
- Beurrez et farinez un moule à gâteau puis versez-y la pâte. Cuisez au four à 180 °C (th. 6) pendant 30 minutes.
- Sortez du four, laissez refroidir et démoulez. Coupez et servez.

Cookies aux pépites de chocolat

Ingrédients
- 125 g de beurre
- 60 g de vergeoise blonde
- 1 jaune d'œuf
- 125 g de farine
- 1/2 sachet de levure chimique
- 80 g de pépites de chocolat.

- Dans un saladier, travaillez le beurre ramolli avec une spatule, incorporez-y la vergeoise blonde. Ajoutez le jaune d'œuf. Mélangez à nouveau. Ajoutez la farine et la levure chimique tamisées ensemble. Mélangez puis ajoutez les pépites de chocolat.
- Confectionnez des boules de pâte à l'aide d'une cuillère à glace. Posez-les sur une plaque à four beurrée et farinée. Espacez-les bien.
- Cuisez au four pendant 15 minutes à 180 °C (th. 6).
- Sortez du four et laissez refroidir.

Crumble de compote de pommes

Crumble
- 100 g de beurre
- 50 g de cassonade
- 130 g de farine

Ingrédients
- 400 g de pommes
- 50 g de beurre
- 2 bâtons de cannelle
- 50 g de sucre en poudre.

- Ramollissez le beurre. Ajoutez la cassonade puis la farine. Mélangez jusqu'à l'obtention d'un crumble. Réservez au réfrigérateur.
- Pelez les pommes. Épépinez-les et coupez-les en morceaux.
- Dans une poêle, faites fondre le beurre. Ajoutez les pommes, les bâtons de cannelle et le sucre. Faites cuire environ 10 minutes. Égouttez puis disposez la poêlée dans un plat.
- Disposez le crumble sur la plaque du four, faites cuire à 180 °C (th. 6) pendant 10 minutes. Sortez du four. Laissez refroidir.
- Disposez la compote dans les cuillères. Saupoudrez de crumble.

Petits cakes pistache

Ingrédients
- 150 g de beurre
- 270 g de sucre en poudre
- 4 œufs
- 270 g de farine
- 1/2 sachet de levure chimique
- 7 cl de lait
- 50 g de pistaches
- 2 cuil. à café de kirsch
- 90 g de cerises à l'alcool.

- Mélangez le beurre ramolli avec le sucre. Ajoutez les œufs puis mélangez énergiquement pour obtenir une consistance lisse. Ajoutez la farine tamisée avec la levure chimique. Mélangez à nouveau. Ajoutez le lait. Mixez au robot les pistaches jusqu'à l'obtention d'une pâte puis ajoutez le kirsch. Incorporez la pâte de pistache dans la pâte.
- Versez la pâte à cake. Garnissez le milieu du cake avec les cerises à l'alcool.
- Cuisez au four à 160 °C (th. 5-6) pendant 20 minutes.
- Sortez du four. Démoulez et laissez refroidir.

Smoothie aux fraises

Ingrédients
- 80 g de fraises bien mûres
- 50 g de fromage blanc
- 10 cl de lait
- 20 g de sucre glace
- 1 cuil. à café d'eau de fleur d'oranger.

- Mixez les fruits lavés rapidement et équeutés avec le fromage blanc, le lait, le sucre et l'eau de fleur d'oranger. Versez sans attendre dans les verres.

Faux œuf au plat et sa mouillette

Lait de coco gélifié
- 2,5 g de gélatine
- 250 g de lait de coco
- 150 g de crème fouettée.

Jus d'orange gélifié
- 5 g de gélatine
- 250 g de jus d'orange.

- Pour le lait de coco : ramollissez la gélatine dans l'eau froide. Chauffez le lait de coco à 60 °C puis ajoutez la gélatine essorée. Mélangez délicatement le lait de coco gélifié à la crème fouettée. Dressez aussitôt dans des petites verrines puis placez 1 heure en congélation.
- Pour le jus d'orange : ramollissez la gélatine dans l'eau froide. Chauffez le jus d'orange à 50 °C puis ajoutez la gélatine essorée. Coulez immédiatement dans des moules souples demi-sphère, puis congelez 1 heure.
- Démoulez les demi-sphères à l'orange puis posez-les délicatement au centre de la verrine afin d'imiter « l'œuf sur le plat ».

Gratins de framboises

Sabayon
- 1 œuf + 5 jaunes
- 120 g de sucre en poudre
- Le zeste de 1 citron.

Garniture
- 200 g de framboises
- 2 cuil. à soupe de sucre glace.

- Préparez le sabayon : dans un récipient, battez ensemble les jaunes d'œufs, l'œuf et le sucre. Ajoutez 2 cuillerées à soupe d'eau et le zeste de citron râpé. Faites chauffer au bain-marie tout en fouettant jusqu'à ce que le mélange épaississe.
- Préparez la garniture : dans des petits plats, versez le sabayon, disposez des framboises, puis saupoudrez le sucre glace à travers une petite passoire.
- Cuisez 6 à 7 minutes au four à 230 °C (th. 7-8).

La cuisson est très rapide, il faut se fier à la couleur.
Les gratins doivent être colorés mais pas trop foncés.

Diamants

Ingrédients
- 100 g de beurre
- 40 g de sucre glace
- 100 g de farine
- Extrait de vanille
- 1 œuf
- 100 g de cassonade.

- Malaxez le beurre ramolli. Ajoutez le sucre glace, la farine et quelques gouttes d'extrait de vanille. Réservez 1 heure au réfrigérateur.
- Travaillez la pâte à la main de manière à réaliser un rouleau de 60 cm de long.
- Placez à nouveau au réfrigérateur pendant 15 minutes. À l'aide d'un pinceau, dorez le rouleau de pâte avec l'œuf battu puis roulez-le dans la cassonade. Coupez à environ 1 cm d'épaisseur puis déposez les diamants sur la plaque du four recouverte d'un papier sulfurisé. Cuisez 12 à 15 minutes au four à 170 °C (th. 5-6). Laissez refroidir.

Millefeuilles Bourbon

Ingrédients
- 500 g de pâte feuilletée
- 30 g de sucre glace
- 30 g de sucre en poudre.

Crème mousseline
- 3 jaunes d'œufs
- 85 g de sucre en poudre
- 25 g de fécule de maïs
- 30 cl de lait
- 1 gousse de vanille
- 200 g de beurre.

- Abaissez la pâte feuilletée. Déposez-la sur une feuille de papier sulfurisé posée sur la plaque du four. Piquez-la à la fourchette. Saupoudrez des sucres. Cuisez au four à 210 °C (th. 7) 10 à 15 minutes
- Préparez la crème : battez les jaunes d'œufs avec le sucre et la fécule de maïs. Dans une casserole, faites bouillir le lait et la gousse de vanille fendue et grattée puis versez sur les jaunes d'œufs.
- Reversez le tout dans la casserole hors du feu. Remettez sur feu modéré et cuisez en mélangeant avec un fouet jusqu'à ce que la crème épaississe. Quand la crème est à ébullition, cuisez encore 1 minute puis ajoutez 100 g de beurre coupé en petits morceaux. Mélangez au fouet pour obtenir une crème lisse. Versez la crème dans un plat puis couvrez avec un film alimentaire et laissez refroidir.
- Quand la crème est froide, mettez-la dans un saladier. Battez à nouveau avec un fouet puis incorporez le reste de beurre ramolli et fouettez pour faire monter la crème.
- Pour le montage des millefeuilles, coupez la pâte feuilletée cuite et caramélisée en rectangles de 7 cm de long. Préparez 3 rectangles pour chaque millefeuille. Garnissez à l'aide d'une poche à douille un premier rectangle de pâte feuilletée avec de la crème. Recouvrez d'un deuxième rectangle de pâte feuilletée puis garnissez à nouveau de crème. Finissez le millefeuille en posant le troisième et dernier rectangle de pâte feuilletée. Décorez avec du sucre glace.

Table des matières

Dépôt légal 2e trim. 2009 - n° 3 575 - Imprimé en U.E.